Conoce
a los
Ángeles

Si este libro le ha interesado y desea que lo mantengamos informado de nuestras publicaciones, escríbanos indicándonos cuáles son los temas de su interés (Autoayuda, Espiritualidad, Qigong, Naturismo, Enigmas, Terapias Energéticas, Psicología práctica, Tradición...) y gustosamente lo complaceremos.

Puede contactar con nosotros en
comunicacion@editorialsirio.com

Diseño de portada: Editorial Sirio, S.A.
Ilustración de portada: Guillermo Dominguez Elizarrarás

© de la presente edición
EDITORIAL SIRIO, S.A.

EDITORIAL SIRIO, S.A.
C/ Rosa de los Vientos, 64
Pol. Ind. El Viso
29006-Málaga
España

NIRVANA LIBROS S.A. DE C.V.
Camino a Minas, 501
Bodega nº 8,
Col. Lomas de Becerra
Del.: Alvaro Obregón
México D.F., 01280

ED. SIRIO ARGENTINA
C/ Paracas 59
1275- Capital Federal
Buenos Aires
(Argentina)

www.editorialsirio.com
sirio@editorialsirio.com

I.S.B.N.: 978-84-7808-857-7

Conoce
a los

Ángeles

Recopilado por
Eva E. White

editorial **S**irio

Conoce a los
Ángeles

Renocidos en todas las tradiciones espirituales, los ángeles han recibido nombres diversos en las distintas épocas y culturas de la Tierra. Son seres de Luz que, además de tener responsabilidades importantes en la labor de creación y mantenimiento del universo y de todas sus criaturas, han participado siempre de forma muy especial en los asuntos humanos. Han estado y están siempre con nosotros, aunque no seamos conscientes de su presencia. Con respecto al ser humano son mensajeros, intercesores, protectores y guías. Son manifestaciones de la Divinidad que esperan que elevemos un poco nuestra vibración para poder trabajar más estrechamente con nosotros, pues parece que ese es nuestro destino trascendente: llegar a formar una unidad con nuestro ángel.

Cuando nos hacemos conscientes de los ángeles tiene lugar en nuestra vida un cambio muy importante. Nuestra conciencia se acrecienta y somos mucho más receptivos a la guía divina que nos llega a través de ellos. Nuestra vida transcurre entonces en un nivel y una dimensión totalmente distinta. Una dimensión mucho más elevada, luminosa y mágica.

Este libro recoge descripciones y opiniones de diversos autores sobre nuestros hermanos mayores los ángeles, y muestran la visión que de ellos han tenido diversos artistas de todos los tiempos. Tal vez sirva de ayuda para abrir tu mente y tu corazón a su presencia. No temas. Ellos velan por ti y por tus asuntos. Tu ángel y tú formáis ya un equipo. Siéntelo en tu corazón y acepta su ayuda con gratitud.

os ángeles son siempre serenamente felices y poseen un dominio perfecto de sí mismos, por muy activos que sean. Al contrario que nosotros, ellos nunca pierden el sentido de unidad con la gran conciencia espiritual a la que damos el nombre de Dios. La esencia de su trabajo es la cooperación. La separatividad y el egoísmo son imposibles para ellos. Por esa razón son los más valiosos colaboradores en todas nuestras obras. Están siempre anhelando cooperar con nosotros.

GEOFFREY HODSON
Cooperacion con los ángeles

El método de evolución de los ángeles difiere del nuestro en que normalmente no toman cuerpo físico denso. Por ello, son invisibles para nosotros. Además, parece que no sufren dolor o tristezas, ni experimentan deseo, ira, odio, celos, temor ni otras emociones que originan tan grandes trastornos y sufrimientos a la humanidad; aunque por otra parte, a veces son también los medios por los cuales desarrollamos facultades especiales. Posiblemente la evolución de los ángeles sea más lenta que la nuestra; pero finalmente llegan al completo desarrollo de su divinidad innata.

GEOFFREY HODSON
Cooperacion con los ángeles

Las Huestes Angélicas pueden ser consideradas como las Inteligencias activas y creadoras, y las constructoras de las formas de toda la creación objetiva. Son manifestaciones del Uno, del Tres, del Siete y de todos sus productos. Desde la alborada hasta el ocaso del Día Creador están incesantemente en acción como directoras, rectoras, diseñadoras, artistas, productoras y constructoras, subordinándose siempre, expresando la Voluntad Única, la Sustancia Única, el Pensamiento Único.

GEOFFREY HODSON
El reino de los dioses

*L*as formas angélicas están compuestas de luz, o más bien de material tenue luminoso, pues cada átomo de sus cuerpos, y de los mundos en que moran, es una resplandeciente partícula de luz. La forma que usan guarda estrecha semejanza con la nuestra, y de hecho, está construida sobre el mismo modelo que el cuerpo físico humano... Las hadas y los ángeles aparecen por lo general como seres muy bellos, etéreos, de semejanza humana. Sin embargo, sus rostros tienen una expresión que es claramente no humana, pues llevan estampada una impresión de energía dinámica, de intensidad de la conciencia y la vida, con cierta belleza celestial y algo de otro mundo que raras veces se ve entre los hombres.

GEOFFREY HODSON
El reino de los dioses

14

En realidad somos seres inmortales que nunca se separan energéticamente de los que aman. Tenemos almas gemelas y familias espirituales que son eternas. Los ángeles y los espíritus guardianes nos guían y nos aman siempre. Nunca estamos solos.

BRIAN WEISS
Solo el amor es real

15

$\mathcal{L}$a apariencia de los ángeles es también notable para la vista humana teniendo en cuenta el juego continuo de energía dentro y a través de sus cuerpos y sus auras brillantes. Pueden considerarse como agentes, e incluso ingenieros, de las fuerzas fundamentales de la Naturaleza. Los poderes que controlan y manipulan los atraviesan continuamente y de igual modo se irradian desde ellos, produciendo, a medida que fluyen, un efecto que tiene algún parecido con la aurora boreal.

GEOFFREY HODSON
El reino de los dioses

$\mathcal{E}$n sus cuerpos son visibles distintos centros de fuerza, vórtices y ciertas líneas claramente definidas. En las descargas áuricas se producen formas definidas, que a veces sugieren una corona sobre la cabeza y alas extendidas de matices brillantes en eterna mutación. Sin embargo, las alas áuricas no las usan para volar, pues los ángeles se mueven rápidamente a través del aire, a voluntad, con graciosos desplazamientos de flotación, sin necesidad de ayuda. Los antiguos pintores y escritores, algunos de los cuales parecen haber captado vislumbres confundieron aparentemente estas fuerzas fluyentes con sus vestiduras y alas; así fue como los pintaron revestidos de humanos atavíos, e incluso con plumas en sus alas. Las huestes angélicas ocupan un sitio importante en el esquema cosmogónico de la Cábala. Las diez órdenes están asociadas con los diez Sephiras, que constituyen el Árbol cabalístico de la Vida. Son considerados Emanaciones de la Deidad; cada Sephira representa un número, un grupo de ideas, títulos y atributos sublimes, y una jerarquía de seres espirituales fuera de la humanidad.

GEOFFREY HODSON
El reino de los dioses

Si tuviera que mencionar las tres cualidades de los ángeles que más me impactaron serían las siguientes: su gran inteligencia, infinitamente superior a la nuestra, su extraordinario sentido del humor y su inconmensurable amor hacia el ser humano.

D<small>AVID</small> G. W<small>ALKER</small>

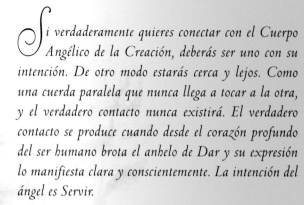

$\mathcal{S}$i verdaderamente quieres conectar con el Cuerpo Angélico de la Creación, deberás ser uno con su intención. De otro modo estarás cerca y lejos. Como una cuerda paralela que nunca llega a tocar a la otra, y el verdadero contacto nunca existirá. El verdadero contacto se produce cuando desde el corazón profundo del ser humano brota el anhelo de Dar y su expresión lo manifiesta clara y conscientemente. La intención del ángel es Servir.

URBOREAS
Ángeles de lo Uno

La religión cristiana, que contiene mucho pensamiento cabalístico, enseña que hay nueve órdenes de ángeles llamados, respectivamente, Ángeles y Arcángeles, Tronos, Dominaciones, Principados, Virtudes, Poderes, Querubines y Serafines. A cada una de estas órdenes están asignadas ciertas cualidades y actividades. Los Ángeles y Arcángeles son enviados como mensajeros en asuntos de elevada importancia, como ocurrió con Gabriel y Rafael. Los Tronos contemplan la gloria y la equidad de los juicios divinos y enseñan a los hombres a gobernar con justicia. Las Dominaciones se supone que regulan las actividades y deberes de los ángeles. Los Principados presiden sobre los pueblos y provincias y sirven como gobernantes angélicos de las naciones del mundo. Las Virtudes tienen el don de operar milagros. Los Poderes controlan a los espíritus malignos. Los Querubines descuellan en esplendor de conocimiento y así es como iluminan a la humanidad con la sabiduría; y los Serafines, al ser los más ardientes en amor divino, inspiran a la humanidad con esa cualidad.

GEOFFREY HODSON
El reino de los dioses

En casi todos los relatos bíblicos de humanas visiones de Dios, éste es descrito como trascendentemente glorioso y rodeado por incontables multitudes de ángeles. Cuando el pensamiento humano es dirigido vigorosamente hacia una orden particular de ángeles, es despachada una señal mental que reciben los miembros de esa orden. Si quien envía ese pensamiento ha alcanzado cierta universalidad de conciencia, y su motivación es, en consecuencia, enteramente desinteresada, los ángeles responderán infaliblemente. El hombre puede entonces dirigir su pensamiento teniendo asegurada la cooperación angélica.

GEOFFREY HODSON
El reino de los dioses

*N*uestra colaboración con los ángeles puede consistir en administrar a los demás sanación espiritual, inspiración, protección o ayuda para vencer las debilidades. La colaboración puede lograr también la inspiración necesaria para la ejecución de una obra altruista. Los ángeles son aliados poderosos en estos asuntos, pudiendo abrir los canales de la inspiración entre la conciencia superior y la mente, y transmitirnos telepáticamente una serie de ideas iluminadoras si tenemos una mente receptiva.

GEOFFREY HODSON
El reino de los dioses

La práctica de invocar asiduamente la ayuda de los ángeles produce un cambio en el aura humana. El vínculo así formado es visible como un sector de luz brillante, que vibra en frecuencias características de las auras de los ángeles. Esta llamada es recibida por los ángeles a quienes corresponde en términos de frecuencia vibratoria. Así se capta su atención y de inmediato están prontos para prestar su asistencia.

GEOFFREY HODSON
El reino de los dioses

lgunas tradiciones judías dicen que hay cuatro Órdenes o Compañías de ángeles, cada uno de los cuales con un Arcángel Jefe; el primer Orden es el de Miguel; el segundo, de Gabriel; el tercero, de Uriel; y el cuarto, de Rafael. Los Querubines eran ángeles del poder de la fuerza de Dios. Parecen haber sido asociados con el Este, o, como se denominaba éste en el Templo, la Sede de la Misericordia. San Pablo, al describir los antiguos ritos en su Epístola a los Hebreos, Capítulo IX, dice:

Tras el segundo velo estaba la parte del tabernáculo llamada el Lugar Santísimo;... y sobre ella los querubines de gloria que cubrían el propiciatorio (la sede de la misericordia).

El Arcángel Miguel es el Jefe Angélico del Rayo del poder. Parecería ser el Gobernante de los Querubines pues en el Génesis III. versículo 24, se nos informa:

Y puso al Oriente del huerto del Edén Querubines. y una espada encendida que se revolvía por todos lados. para guardar el camino del árbol de la vida.

Las enseñanzas esotéricas de los hebreos, conocidas como la Cábala, están repletas de información concerniente a las Huestes Angélicas.

GEOFFREY HODSON
El reino de los dioses

$\mathcal{L}$os ángeles y los hombres, dos ramas de la familia de Dios, pueden ponerse en estrecha comunión y cooperación, cuyo propósito principal será elevar a la raza humana. Para este fin los ángeles, por su lado, están prestos para participar lo más estrechamente posible en cada sector de la vida humana y en cada actividad humana en la que sea practicable la cooperación. Los miembros de la raza humana que proyecten su corazón y su mente a los hermanos angélicos, hallarán respuesta inmediata y convicción gradualmente creciente de su realidad.

GEOFFREY HODSON
Fraternidad de los ángeles y de los hombres

Como los ángeles no imponen condiciones ni restricciones a las actividades y evolución resultantes de la cooperación con los seres humanos, dan por sentado que ningún hermano humano los invocaría para obtener ganancias personales y materiales. Piden la aceptación de esta fraternidad y su aplicación práctica a todos los aspectos de la vida humana. Piden que quienes invoquen su presencia desarrollen las cualidades de pureza, simplicidad, rectitud e impersonalidad, y adquieran el conocimiento del Gran Plan por el que se mantiene la ordenada marcha del progreso evolutivo. De este modo, cada actividad humana se fundará en las enseñanzas y doctrinas de la Sabiduría Divina que siempre reina soberanamente en los concilios de las Huestes Angélicas.

GEOFFREY HODSON
Fraternidad de los ángeles y de los hombres

34

Cuando se consideran las estructuras organizadas de las diversas religiones del mundo actual, resulta evidente que no pueden ser destruidas,:de la mañana a la noche, pues hay millones de personas que realmente creen y tienen fe en sus Iglesias. Sólo puedo pediros a quienes tengáis una fe potente en una Iglesia que la examinéis más atentamente para ver si está siguiendo ciertamente, en todos los aspectos, las enseñanzas del Maestro al que sigue. Si no es así debéis cuestionaros esa fe. No confiéis en ningún clérigo o sacerdote que os diga lo que debéis hacer, lo que es correcto u equivocado quién es Dios, lo que Dios quiere: pues ningún hombre puede decíroslo salvo vosotros mismos. Recordad que todos sois chispas individuales de conciencia, y que dentro de vosotros, cuando vivís en un cuerpo físico sobre la Tierra, tenéis un vínculo único con vuestro Creador. No necesitáis acudir a nadie más, ya sea una Iglesia o un sacerdote. Estáis en contacto directo con vuestro Creador, con sus ángeles que le sirven y con la Jerarquía que está por encima de las esferas superiores de existencia.

La revelación de Ramala

Los ángeles han existido desde el principio de la Creación. Desde antes de que el hombre fuera creado sobre esta Tierra.... Estaban vinculados al Espíritu Infinito. Vibraban ante el poder y la voluntad del Espíritu Infinito. Obedecían Sus órdenes y cumplían automáticamente Su plan para el Universo, pues no tenían libertad de elección como la tiene el hombre. Palpitaban con el Corazón Divino y pensaban con la Mente Divina. Los ángeles deben ser considerados como los mensajeros del Espíritu Infinito. Existen en todos los niveles de la Creación. Por tanto, cuando vuestro Dios, el Logos Solar cuyo espíritu habita en el Sol, respiró y creó el Sistema Solar del que formáis parte, los ángeles fueron los responsables de ayudar a la formación del plan de vuestro Creador para Su Cuerpo. Fueron los responsables de cada uno de los doce planetas que hay en el Cuerpo Solar y de todos los niveles de existencia presentes en esos planetas. Hay una esfera angélica para cada nivel de la Creación, para toda vibración de la vida.

La revelación de Ramala

Por eso el hombre fue abandonado en su camino para alcanzar el conocimiento de la Creación. Utilizó su cerebro físico, el intelecto que Dios le había dado, el razonamiento, para guiarse por su sendero. Sin embargo, el hombre decidió utilizar sus talentos para obtener riquezas materiales y gratificaciones personales, y conforme su modo de vida se hacía más bajo y su vibración más densa se fue separando del contacto con los ángeles. Antes el hombre había caminado sobre la Tierra mano con mano con los ángeles, pero al cambiar su frecuencia, aquellos desaparecieron de su vista. Pero el contacto con los ángeles aún está presente, pues el hombre no es un ser físico sino un ser espiritual. Cuando al hombre se le concedió el don de la libertad de elección y se le dejó sobre su camino fue conectado con las esferas angélicas por medio de su cuerpo físico. Se decretó que toda alma que encarnase en la superficie de esta Tierra tuviese dos ángeles guardianes. Ellos conducirían al hombre hacia la realización más completa posible de las Leyes de la Creación que concernían a la Tierra. Asumieron por tanto la forma física del hombre, motivo por el cual los ángeles son vistos como hombres o mujeres, aunque con cuerpos más finos. Están con el hombre desde el momento de la concepción física hasta el de la muerte física. Son responsables de guiarlo y ayudarlo por el camino previsto para cumplir la voluntad de su Creador. Los ángeles son los responsables de que se cumpla la voluntad de Dios.

La revelación de Ramala

41

Cada uno de vosotros tiene dos ángeles guardianes. El uno tiene una vibración masculina, trabaja con la radiación positiva del poder espiritual y está vinculado al hombre a través de la región de su glándula pituitaria. El otro es de vibración femenina, trabaja con la radiación negativa o receptiva, la radiación de la sabiduría espiritual, y se vincula con el hombre por medio de la región de su glándula pineal. Estos dos ángeles guardianes se hallan con el hombre en todo momento mientras camina por la vida. Están particularmente cerca de, él cuando encarna por primera vez en el cuerpo físico y hasta la edad de siete años, que marca el final del primer ciclo de la progresión terrena de setenta años del hombre. Durante los primeros siete años, cuando el alma se está estableciendo en el cuerpo físico, los dos ángeles guardianes se encuentran muy cerca de él, y ése es el motivo de que con tanta frecuencia los niños pequeños vean a sus ángeles guardianes, que están cerca para protegerlos y guiarlos.

Por tanto, esos ángeles guardianes guían al hombre durante una encarnación particular. Nunca se interfieren con la libre elección del hombre, pero siempre están dispuestos a ayudarle en su camino de progresión espiritual si se les pide ayuda y dirección. Solo se ocupan del cumplimiento del destino del hombre y de su parte en el Plan Mayor. Se ocupan de la Fuerza Universal, no de la individual. Carecen de emociones. Son los suministradores de Poder. Son vínculos con el Espíritu Infinito.

La revelación de Ramala

*S*abemos por nuestro estudio y nuestra personal experiencia que hay muchos escalones intermedios entre lo humano y lo divino. La antigua creencia en los ángeles y arcángeles está justificada por los hechos, pues así como existen varios reinos inferiores a la humanidad, los hay también que están por encima de ella.

Y los que están sobre ella mantienen la misma posición sobre nosotros que nosotros respecto del reino animal. Sobre nosotros está el gran reino de los devas o ángeles...

C.W. Leadbeater
Los ángeles custodios

Cuando nos agobian la necesidad, las dificultades y los problemas, solemos dejarnos abatir por la desesperación, o bien nos enfrentamos a ellos con uñas y dientes. Aparentemente esto es lo correcto. Sin embargo, sólo recurriendo a un plano más elevado que aquel en el que reside el problema podremos asegurarnos la victoria.

Todas las dificultades que nos aquejan tienen su origen en nuestros componentes físico, mental y emocional. Pero su solución definitiva podrá encontrarse sólo en un nivel superior: el espiritual. Sin embargo, salvo casos extremos, solemos ignorar nuestra dimensión espiritual, perdiendo así la oportunidad de conectarnos con los planos más elevados de la existencia, en los que residen fuerzas e inteligencias poderosísimas, cuyo mayor deseo y satisfacción sería ayudarnos. Aunque pertenezcan al plano espiritual los ángeles están muy cerca y solo esperan una señal para ponerse a solucionar nuestros problemas. Pero esa señal debemos dársela nosotros. Es todo lo que tenemos que hacer. Tan sólo eso.

DAVID G. WALKER
Los ángeles pueden cambiar tu vida

Tómate tiempo para cultivar una relación estrecha con tus compañeros celestiales visitándolos con frecuencia. Habla con ellos del mismo modo que si fueran amigos de la Tierra. Todos necesitamos que se reconozca nuestro trabajo y lo mismo ocurre con los ayudantes celestiales. Agradéceles su maravilloso trabajo y demuéstrales cuánto aprecias su presencia en tu vida.

JEAN SLATTER
Pon al cielo a trabajar

Los ángeles saben que el estado natural de la vida es la alegría, la felicidad, la risa y la belleza, cualidades de las que nos solemos, invariablemente, apartar en cuanto dejamos atrás la infancia. Todas ellas son cualidades del cielo, que es el reino de los ángeles. Su labor es precisamente acercarnos a ese reino, siempre que nosotros queramos y estemos dispuestos a aceptarlo.

DAVID G. WALKER
Los ángeles pueden cambiar tu vida

$\mathcal{D}$esarrolla tu propio sistema para conocer y entrar en contacto con los ángeles. No tienes que convencerte de nada, adoptar ninguna idea ajena ni esforzarte en absoluto. Símplemente relájate y permanece atento.

DAVID G. WALKER
*Los ángeles pueden
cambiar tu vida*

*P*ara atraer a los ángeles a tu vida y hacer que jueguen contigo y para ti, es imprescindible que cultives la imaginación, que pienses positivamente y que veas el lado positivo de las cosas. Si siembras la semilla de la esperanza los ángeles la regarán con su poderosa energía. Así podrás crear tu futuro. Tienes lo necesario. Sólo te falta decidirte.

DAVID G. WALKER
Los ángeles pueden cambiar
tu vida

La concepción medieval consideraba al mundo constituido por cuatro elementos: aire, agua, tierra y fuego, cada uno de ellos regido, como hemos visto, por un arcángel. Tradicionalmente el aire se asimilaba a la inteligencia y la movilidad, el agua al amor, a las emociones y a la imaginación. El fuego a la purificación, a la destrucción de lo negativo, a la acción y a la fuerza; y la tierra al mundo físico en general, a la naturaleza y al campo. De este modo los arcángeles rigen sobre todo lo visible e invisible, habiendo sido asimilados por los diferentes sistemas esotéricos y mágicos que, procedentes de la más remota antigüedad, se extendieron durante la edad media, como la astrología, la alquimia y el tarot.

DAVID G. WALKER
Los ángeles pueden cambiar tu vida

A cada uno de nosotros, al venir a este mundo, se nos asigna un ángel guardián. Cada ser humano, independientemente de su raza, creencias, nivel social, aspecto o tamaño, tiene el privilegio de tener a su lado a un ángel que lo acompaña durante toda la vida. Está con nosotros todo el tiempo, dondequiera que vayamos y cualquier cosa que hagamos. Ha estado con nosotros desde el principio y con toda seguridad ya nos entrevistamos con él cuando decidimos venir a este mundo con el cuerpo y las cualidades humanas que hoy disfrutamos y sufrimos.

DAVID G. WALKER
Los ángeles pueden cambiar tu vida

Aunque parezca extraño los ángeles nos necesitan. Nos necesitan para expresarse. Nos necesitan para manifestarse en la Tierra. Nos necesitan para realizar su trabajo en nuestro planeta. Quieren que colaboremos con ellos, que los invitemos a entrar en nuestras vidas. Si somos capaces de deshacer ciertos bloqueos para con los ángeles, estos podrán entrar en contacto con nosotros y actuar a través nuestro. Las simples palabras "necesito que me ayudes" bastan. Ellos desean ayudarnos, para eso fueron creados.

JACK LAWSON
El libro de los ángeles

La existencia de los ángeles custodios es una verdad de fe continuamente profesada por la Iglesia, que forma parte desde siempre del tesoro de piedad y doctrina del pueblo cristiano. La Iglesia los venera, los ama y son motivo de dulzura y de ternura.

PAPA JUAN XXIII

$\mathcal{L}$os niños, antes de alcanzar la edad escolar, suelen percibir a los ángeles mucho más claramente que las personas adultas y del mismo modo, a toda una extensa serie de entes incorpóreos. Con frecuencia, éstos adoptar forma de niños, y así comparten sus risas y sus juegos. Otras veces, los suelen ver con apariencia de jóvenes de notable hermosura, hombres o mujeres. Además, independientemente de esta circunstancia, todo parece indicar que los seres angélicos sienten cierta preferencia por los niños.

DAVID G. WALKER
Los ángeles pueden cambiar tu vida

*L*os ángeles aman sobre todo la libertad, la espontaneidad y el humor. Cualquier petición excesivamente acartonada donde la forma predomine sobre el contenido carecerá de la fuerza necesaria para llegar hasta ellos. Eres tú, exclusivamente quien debe decidir la manera en que vas a realizar la comunicación con los ángeles y toda imposición en este sentido resultará además de absurda, inútil.

DAVID G. WALKER
Los ángeles pueden cambiar tu vida

*C*uando la preocupación ensombrezca nuestras vidas, acordémonos de los ángeles. Cualquiera que sea la causa de dicha preocupación debemos estar totalmente seguros de que ellos podrán tratar el asunto mucho mejor y de un modo más efectivo que nosotros con nuestra preocupación. Mandemos a los ángeles al corazón del problema y pidámosles que se lleven nuestras preocupaciones con ellos. Así, con las manos y la mente ya libres, y con la ayuda incondicional de ellos, podremos finalmente actuar con efectividad.

DAVID G. WALKER
Los ángeles pueden cambiar tu vida

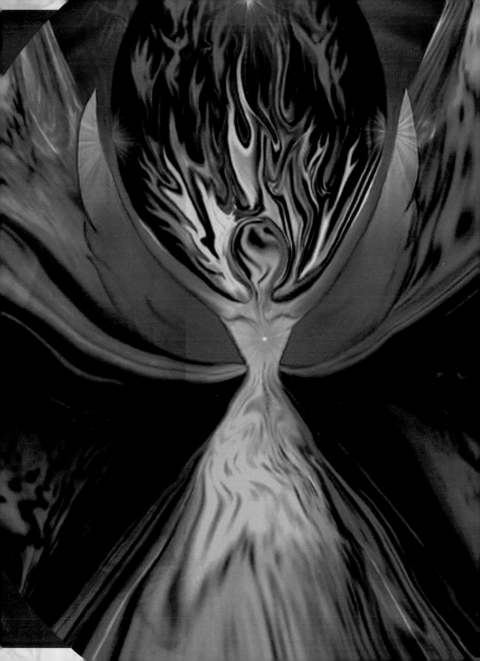

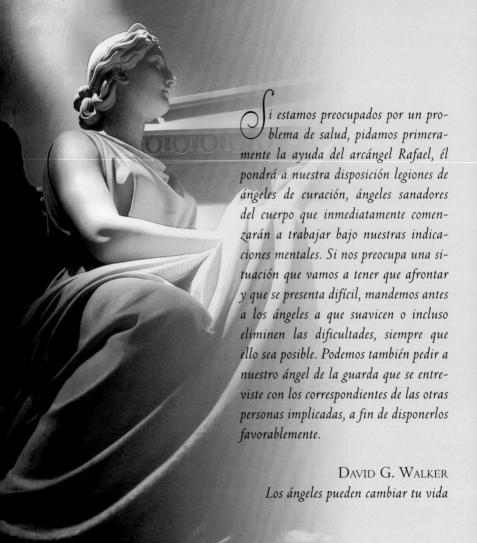

Si estamos preocupados por un problema de salud, pidamos primeramente la ayuda del arcángel Rafael, él pondrá a nuestra disposición legiones de ángeles de curación, ángeles sanadores del cuerpo que inmediatamente comenzarán a trabajar bajo nuestras indicaciones mentales. Si nos preocupa una situación que vamos a tener que afrontar y que se presenta difícil, mandemos antes a los ángeles a que suavicen o incluso eliminen las dificultades, siempre que ello sea posible. Podemos también pedir a nuestro ángel de la guarda que se entreviste con los correspondientes de las otras personas implicadas, a fin de disponerlos favorablemente.

DAVID G. WALKER
Los ángeles pueden cambiar tu vida

$\mathcal{N}$adie es demasiado joven ni demasiado viejo para establecer una comunicación con los ángeles, pero sí tal vez demasiado serio. Eliminemos de nuestras vidas toda seriedad innecesaria y toda preocupación innecesaria. Ellos pueden ayudarnos a hacerlo. Debemos recordar que cualquier problema deberá ser resuelto para el mayor bien de todos los implicados y que es necesario siempre incluir expresamente esta frase en nuestra petición. Recordemos también finalmente, dar las gracias por su ayuda a nuestros hermanos mayores espirituales.

DAVID G. WALKER
Los ángeles pueden cambiar tu vida

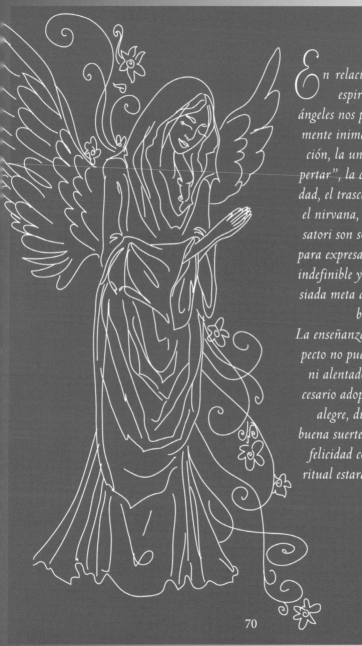

$\mathcal{E}$n relación con el crecimiento
espiritual la ayuda que los
ángeles nos pueden dar es sencilla-
mente inimaginable. La iluminación, la unión con Dios, el "des-
pertar", la conciencia de la Realidad, el trascender al mundo físico,
el nirvana, la piedra filosofal o el
satori son sólo diferentes palabras
para expresar eso que en esencia es
indefinible y que constituye la an-
siada meta de todos los verdaderos
buscadores espirituales.
La enseñanza de los ángeles al respecto no puede ser más refrescante
ni alentadora: «disfrutad, es necesario adoptar un punto de vista
alegre, divertido, así generaréis
buena suerte, y tanto la verdadera
felicidad como la elevación espiritual estarán pronto llamando a
vuestra puerta».

DAVID G. WALKER
*Los ángeles pueden
cambiar tu vida*

La búsqueda de la iluminación es mucho más fácil si mantenemos una actitud abierta y positiva, si siempre esperamos que ocurra lo mejor, y si constantemente miramos hacia el lado luminoso de las cosas. Ese lado luminoso es donde están los ángeles, y ellos siempre estarán dispuestos a ayudarnos a convertirnos en lo que en realidad ya somos.

A la hora de pedir su ayuda no temamos plantearles nuestras más elevadas aspiraciones. En esto más que en cualquier otra cosa, pueden ayudarnos y están deseando hacerlo. Nuestra elevación es su felicidad. Cada paso que damos en esa dirección genera una gran fiesta en el cielo.

DAVID G. WALKER
Los ángeles pueden cambiar tu vida

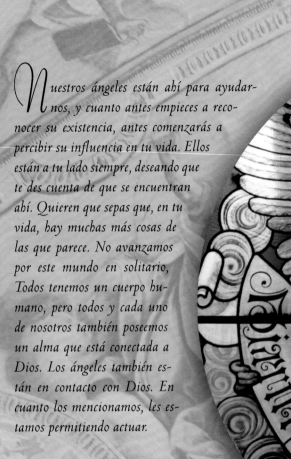

Nuestros ángeles están ahí para ayudarnos, y cuanto antes empieces a reconocer su existencia, antes comenzarás a percibir su influencia en tu vida. Ellos están a tu lado siempre, deseando que te des cuenta de que se encuentran ahí. Quieren que sepas que, en tu vida, hay muchas más cosas de las que parece. No avanzamos por este mundo en solitario, Todos tenemos un cuerpo humano, pero todos y cada uno de nosotros también poseemos un alma que está conectada a Dios. Los ángeles también están en contacto con Dios. En cuanto los mencionamos, les estamos permitiendo actuar.

LORNA BYRNE
Ángeles en mi cabello

Parece que la relación de los ángeles con nuestro mundo está siendo reorganizada en estos últimos tiempos. Ciertos cambios que ya se están produciendo en la conciencia colectiva permiten que ahora nosotros y ellos estemos un poco más cerca, al menos desde el punto de vista de nuestra intuición y de nuestra conciencia.

DAVID G. WALKER
Los ángeles pueden cambiar tu vida

El ángel de la guarda es el guardián de nuestro cuerpo y de nuestra alma, Le asignaron nuestra custodia incluso antes de que fuéramos concebidos. A medida que nos vamos desarrollando dentro del útero materno, él se encuentra allí en todo momento, protegiéndonos. Cuando nacemos y a medida que vamos creciendo, el ángel de la guarda nunca se aparta de nuestro lado ni un instante. Está con nosotros mientras dormimos, cuando estamos en el cuarto de baño, a todas horas. Nunca estamos solos. Luego, cuando morimos, el ángel de la guarda permanece a nuestro lado, ayudándonos a pasar a la otra vida. También permite que otros ángeles entren en nuestra vida para ayudarnos a salir adelante en diversos asuntos. Entran y salen de nuestras vidas. A ese tipo de ángeles yo les llamo ángeles maestros.

LORNA BYRNE
Ángeles en mi Cabello

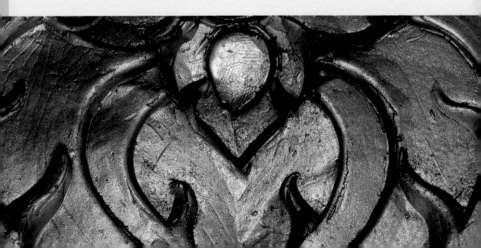

El ángel está formado a la imagen de Dios. El alma, en cuanto a su parte más elevada, está también formada a la imagen de Dios; pero el ángel es una imagen más aproximada a Dios. Todo cuanto hay en el ángel está formado a la imagen de Dios. Por eso, el ángel es enviado al alma para que la traiga de vuelta a la misma imagen según la cual él está formado.

MAESTRO ECKHART

*C*uando lo angelical habla con nosotros utiliza nuestros recuerdos, nuestra imaginación y nuestros procesos de pensamiento para comunicarse. Podemos tener un "acierto" a la hora de responder a una pregunta o a una plegaria. Cuando nos despertamos por la mañana, muchas veces sabemos qué decisión debemos tomar o qué debemos hacer ese día. Tal vez no lo sabíamos cuando nos fuimos a dormir la noche anterior pero cuando nuestra mente consciente estuvo relajada, pudimos recibir la respuesta de nuestro ángel de la guarda o de nuestros guías espirituales.

KERMIE WOHLENHAUS
Cómo hablar y escuchar a tu ángel de la guarda

En algunas ocasiones los ángeles, los guías espirituales y los ayudantes celestiales nos tocan en distintas partes del cuerpo para hacernos saber que se encuentran presentes, de igual manera que tu mejor amigo o tu abuela te tocan en el brazo para a traer tu atención. Tu ángel de la guarda posee su propio tacto. Puedes aprender a distinguirlo con facilidad.

KERMIE WOHLENHAUS
Cómo hablar y escuchar a tu ángel de la guarda

*Si la gente supiera que la vida es infinita;
que jamás morimos, entonces ese miedo
desaparecería. Si todos supieran que han vivido
antes incontables veces y que volverán a vivir
otras tantas, ¡cuánto más reconfortados se sentirían! Si supieran que siempre hay espíritus
a su alrededor y que después de la muerte se
reunirán con ellos, así como con sus seres ama-
dos, ¡cuánto sería el consuelo! Si supieran que
los ángeles de la guarda existen, en realidad,
¡cuánto más seguros se sentirían!*

BRIAN WEISS
Muchas vidas, muchos maestros

Cuando por fin estamos preparados para regresar al plano físico, se congrega a nuestro alrededor un grupo extraordinariamente sabio de consejeros (ángeles, guías y maestros) para ayudarnos a seleccionar la serie de circunstancias adecuadas para que nuestra alma cumpla su misión en la Tierra. Esa misión es la tarea que debemos llevar a cabo durante nuestra reencarnación. Dicha preparación, que tiene lugar antes del nacimiento, es muy importante y se realiza con enorme inteligencia y esmero.

KERMIE WOHLENHAUS
Cómo hablar y escuchar a tu ángel de la guarda

Tanto en Oriente como en Occidente las tradiciones hablan de una energía, una esencia, un ser que participa del reino sagrado, absoluto, espiritual y trascendente, así como del mundo profano, terrestre y dual del tiempo y del espacio: el ángel.

Para los occidentales es una prolongación de la energía suprema que penetra hasta las densidades de la Tierra y trae un mensaje de luz y perfección.

En nuestra tradición occidental, el ángel es un arquetipo profundamente arraigado en el inconsciente colectivo, porque el contacto con el Cielo se realiza a través de la oración, mensaje verbal elevado al Creador.

El ángel es el encargado de elevar la oración hasta Dios, y también de regresar con un mensaje o un don como respuesta.

HANIA CZAJKOWSKI
Los ángeles pueden cambiar tu vida

Os invitamos a vosotros, a la humanidad despierta del planeta Tierra, a permanecer abiertamente junto a nosotros en conciencia de Unidad, y a reclamar vuestros derechos divinos de nacimiento y vuestra herencia como co-creadores activos, autorizados y multi-dimensionales del Plan Divino. Nosotros, los ángeles solares, guardianes celestiales, caminamos entre vosotros, tomando forma humana como un instrumento del Amanecer Dorado que ahora se revela.

SOLARA

La primera vez que percibí al Ángel Solar me hallaba en medita-
ción y estaba completamente absorto en algún área definida de mi
ser. Me encontraba en la pequeña galería de mi casa, era por la mañana
temprano y todo a mi alrededor se hallaba en calma. De pronto sentí
una sensación desconocida dentro de mi ser, como si de cualquier remoto
lugar del espacio externo una voz muy familiar me llamase por mi
nombre, alejando de mi mente todas las sensaciones habituales, aún las
del propio silencio. Me sentí impulsado a escuchar con la máxima aten-
ción esta Voz tan extrañamente familiar y aparentemente tan lejana.
A medida que lo iba haciendo sentía como si todo mi ser se desplazase a
velocidades enormes hacia aquel punto infinito del espacio del cual par-
tía el sonido de mi nombre. Perdí por completo la noción de mí mismo
y de improviso me vi enfrente de una Entidad espiritual intensamente
radiante...

VICENTE BELTRÁN ANGLADA
Mis experiencias espirituales

Porque la Divinidad te encomendó a sus ángeles para que te cuiden en todos tus caminos.

SALMOS 91:11

El ángel me sonreía con gran dulzura y me decía algo aparentemente muy importante, pero que yo no acababa de comprender aunque trataba de hacerlo. En un momento dado la Luz de Su aura de un color azul índigo inenarrable adoptó unos tonos intensamente ígneos. Parecía un ascua viva de fuego. En aquellos momentos sentí resonar dentro de mi conciencia y en mi propia lengua materna, el catalán, sus suaves y profundas palabras. Me indicaban un proceso, una resolución y un camino. No me señalaban meta alguna como corolario de la línea de esfuerzos que yo internamente sabía que tenía que desarrollar, pero intuitivamente sabía que al final de mi Sendero debería volver a encontrarme frente a Él, frente a mi Ángel Solar, el augusto Señor de mi destino kármico. Después de esta experiencia de tipo causal mi vida física tuvo una tendencia irresistible a cambiar

VICENTE BELTRÁN ANGLADA
Mis experiencias espirituales

Los ángeles manifiestan la protección de Dios hacia todas sus criaturas. Dentro de este coro están los ángeles de la guarda, quienes se ocupan de la evolución espiritual y la protección ante todos los peligros que amenazan a los seres humanos, custodiándolos permanentemente. Cada ser humano, al nacer, es «soldado» —unido— a un ángel de la guarda que lo acompañará a lo largo de todo su tránsito por este mundo, manifestándole a cada paso la existencia de la protección divina en su vida.

Hania Czajkowski
Los ángeles pueden cambiar tu vida

Todos los seres humanos tienen su propio Ángel Solar, el impulsor de sus motivos espirituales más elevados y el supremo Guía de sus destinos kármicos. Está muy escondido dentro del corazón, pero siempre acude cuando el alma se siente terriblemente sola o se halla enfrentando grandes dificultades... A veces, del fondo de esta indescriptible amargura del alma se eleva inusitadamente un sentimiento infinito de cálida dulzura y fúlgida esperanza. Es la Voz del Ángel Solar, que en tales momentos difíciles y de apremiante tensión, nos envía Su mensaje luminoso de paz, de serenidad y de íntimo consuelo. Quizás la percepción del Ángel Solar sea sólo posible para las almas que realizaron grandes esfuerzos espirituales en sus vidas y que Su gloriosa Figura surgiendo raudamente de los éteres, sea únicamente una experiencia realizable en ciertas elevadas cotas de mística integración. Pero, sea como sea, Él está siempre aquí con nosotros, dentro del corazón, profundísimamente atento al devenir de nuestro destino trascendente como Almas, siempre dispuesto a intervenir para que nuestras vidas se ajusten a la Ley que regula el Bien Cósmico aquí en la Tierra, siendo Su luz infinita la verdadera esperanza de gloria de la existencia y la fuente divina de la que emanan nuestros más íntimos consuelos... ya que la Ley es justa y todos participamos de su Justicia.

VICENTE BELTRÁN ANGLADA
Mis experiencias espirituales

Mi guía desea hacerte saber que existen miles de ángeles sin empleo. Nunca consideres que tu problema es demasiado trivial como para solicitar ayuda divina. Tampoco debes pensar que puedes molestar a los asistentes espirituales. ¡No sólo no los incordias, sino que además les ofreces un trabajo! Piensa en el mundo del Espíritu como si fuera alguien con quien puedes hablar de cualquier cosa, o de nada en particular. No hay motivo para darse aires ni para hablar con una voz rígida y formal. El Espíritu te conoce. Sé franco, espontáneo, incluso tonto o ridículo: sé cualquier cosa que te haga sentirte cerca de esa energía increíblemente cálida y amorosa. Debes saber que el Espíritu se siente honrado de que lo incluyas en cada detalle de tu vida. En realidad, ahí es donde encontrarás amor incondicional y al mejor amigo que jamás hayas tenido.

JOAN SLATTER
Pon al cielo a trabajar

*Verdaderamente, no puede existir unidad con nada
si el corazón no está despierto, presente.
El corazón despierto es la puerta primera.
Siempre.
Cualquier otra puerta que se use en primer lugar
está fuera de sitio, descolocada.
Lo primero, el corazón.*

*El buscador de Conocimiento que busca la Unidad
entrando por puertas desordenadas no encuentra ni sabe
con verdad nada, sólo malinterpreta.
Colecciona fotografías distorsionadas, aunque sean
escáneres del interior de lo otro.*

*Por eso os hemos dicho: «Si queréis conocer a los ángeles,
invocad desde el corazón a vuestro Ángel,
porque nosotros entramos en contacto con vosotros
a través del corazón».*

URBOREAS
Ángeles de lo Uno

*H*as estado condicionado por el miedo de no saber cuál sería el resultado de actuar espontáneamente, pero ese temor es una mentira. No existe maldad en tu esencia, ni estás hecho de pecado. El universo no ha creado en ti a ningún demonio ni a ningún loco, sino a un ser grandioso y luminoso. Compartes con la eternidad creativa el poder y todas las maravillas de la belleza del tiempo; compartes un mismo camino de conciencia con los ángeles y con el Hacedor de las estrellas. ¿Vas a tener miedo de la espontaneidad que va a revelar tu belleza? ¿Vas a tener miedo de expresar tu amor?

KEN CAREY
Semilla de estrellas

*Los ángeles hicieron posible un nue-
vo tipo de creación, creación por
deliberación o voluntad consciente. Los
primeros prototipos creados de esta forma
con la asistencia de los ángeles mostraban
una nueva dimensión de las posibilidades
biológicas. Con el subsiguiente aumento de
vida biológica, mi misión se hizo gradualmente más activa. Recientemente, en esta
corriente geológica de la nueva era de la
tierra, empecé a jugar con la idea de la
biología material; la cual me permitiría
revestir mi conciencia eterna en forma de
materia.*

KEN CAREY
Semilla de estrellas

*E*sta es nuestra casa y es tu casa también. Ven, queremos compartirla contigo... Permanece entre nosotros y conoce nuestra esencia, conoce nuestra labor y colabora con nosotros. Queremos que tú y todos los seres humanos forméis parte de nuestra hermandad de amor..., queremos enseñarte a amar a Dios sobre todas las cosas y a ser feliz. Únete a nosotros, intégranos en tu vida y conviértete en un conducto por donde podamos enviar bendiciones a todo el planeta para armonizar tu mundo y llenar tu vida de felicidad. Somos tus hermanos y te amamos profundamente. Somos los ángeles.

LUCY ASPRA
Agenda angelical

Los barcos de mi comprensión navegan por mares eternos. No puedes embarcarte en ellos si no puedes percibirlos y no podrás percibirlos si miras desde las puertas del ayer. Mis barcos, que son barcos de entendimiento, con muy poco lastre, están navegando. No se van a quedar quietos. Yo soy un ser en movimiento y este no es mi puerto final.

He venido ahora a llamar a la puerta de tu corazón. Conmigo están los ángeles que, aunque no pueden abrir la puerta por ti, eso lo debes hacer tú solo, sí iluminarán el umbral de entrada y animarán tu espíritu. Una vez que llegues a la entrada, pasarás por la puerta, y ten la seguridad de que muchos seres luminosos te ayudarán a mantenerla abierta mientras pasas a la nueva conciencia, que hará que tú brilles con la misma luz que brillan mis barcos con la nueva visión.

KEN CAREY
Semilla de estrellas

Nosotros, ángeles de este orden específico, entramos en estas transmisiones de vez en cuando, como lo estamos haciendo ahora, uniéndonos a aquellos que han estado involucrados de forma regular en su educación histórica, para proporcionarte una mejor perspectiva. Te comprendemos mejor a través de tu conciencia original. Nuestros cooperadores entienden mejor la naturaleza y el desafío de la encarnación de los seres humanos. Juntos, compartimos nuestras perspectivas trabajando codo con codo para conseguir que la humanidad despierte y para que tú seas consciente de la humanidad.

KEN CAREY
Semilla de estrellas

Encontrarás muchas almas atravesando experiencias similares. Es un aumento de las vibraciones de todos aquellos que son sensibles. Estas cosas no podrían sucederte a menos que las desearas y estuvieras abierto a ellas. Debes estar constantemente consciente de los cambios, consciente de que estás siendo usado para hacer descender a este nivel lo que está aconteciendo en los reinos más elevados.

EILEEN CADDY
Dios me habló

Quienes gusten de cantar, podrán acercarse a los ángeles a través de su canto, y con su canto y la ayuda de los ángeles, podrán acercarse a Dios.

Pidamos a los ángeles que nos ayuden a acercarnos a la Divinidad, pues ésta es una de sus funciones, la más importante de todas.

DAVID G. WALKER
Los ángeles pueden cambiar tu vida

Los ángeles nos tienen un amor inmenso. Si te sientes abatido o desamparado encuentra un momento para llamarlos, conversa un poco con ellos y deja que te cubran con sus bendiciones y su esperanza. Este es un regalo que también te haces a ti mismo.

KERMIE WOHLENHAUS
Cómo hablar y escuchar a tu ángel de la guarda

Las formas en que los ángeles nos hacen saber que están en la labor que les hemos encomendado (aunque en realidad para ellos estén jugando) son muchas veces de lo más extraño e imaginativo. Así, es sumamente importante permanecer atentos para que no se nos escapen sus señales.

Además de la sensación de paz y tranquilidad, de la finísima emoción y de la gran esperanza que nos embargan cuando ellos están cerca, hay que estar especialmente atentos a las casualidades y coincidencias, pero sobre todo y muy especialmente, a los sueños.

David G. Walker
Los ángeles pueden cambiar tu vida

odos, absolutamente todos podemos comunicarnos con nuestro ángel de la guarda. Todos, de un modo u otro, estamos dotados para ello. Unos podrán verlo, otros oirán su voz y otros lo captarán mediante su intuición. Incluso los menos intuitivos no podrán negar sus contundentes hechos. Estos seres maravillosos están siempre dispuestos y deseando ayudarnos, pero no pueden hacerlo si no los invitamos a ello. Tenemos que pedírselo expresamente.

DAVID G. WALKER
Los ángeles pueden cambiar tu vida

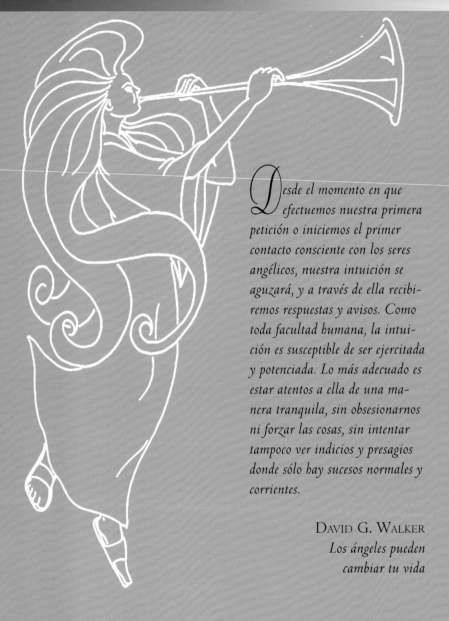

$\mathcal{D}$esde el momento en que efectuemos nuestra primera petición o iniciemos el primer contacto consciente con los seres angélicos, nuestra intuición se aguzará, y a través de ella recibiremos respuestas y avisos. Como toda facultad humana, la intuición es susceptible de ser ejercitada y potenciada. Lo más adecuado es estar atentos a ella de una manera tranquila, sin obsesionarnos ni forzar las cosas, sin intentar tampoco ver indicios y presagios donde sólo hay sucesos normales y corrientes.

DAVID G. WALKER
*Los ángeles pueden
cambiar tu vida*

Cuando te relacionas con los ángeles y guías estás construyendo un vínculo con seres de luz que te proporcionan su ayuda amable y afectuosamente. Como buenos amigos, ellos siempre te escuchan con atención, no intentan controlarte ni decirte lo que debes hacer y nunca adulan si satisfacen tu ego.

SONIA CHOQUETTE
Pregunta a tus guías

Podemos imaginar al vacío universal como una especie de holograma gigantesco. Las réplicas virtuales de toda la materia, entre ella los organismos vivos, existen en el vacío como formas virtuales. Están continuamente cambiando, alterándose y entrando y saliendo de la existencia. Puedes tener una partícula, una onda, una antipartícula o una antionda. Incluso un ángel podría brotar del vacío, volviéndose temporalmente sólido. Este ser hiperdimensional podría salir voluntariamente de las dimensiones virtuales holográficas y entrar en la realidad física del presente. Este patrón de ángel podría aparecer en nuestro espacio de cuatro dimensiones, quizá durante el tiempo suficiente para salvar a un bebé que esté cayéndose o incluso para evitar que tengas un accidente. Después de que la emergencia se solucionase satisfactoriamente el mismo ángel podría volver a la esfera hiperdimensional, a los espacios entre espacios, hasta que se le necesitara o volviera a ser invocado.

RICHARD BARTLETT
La física de los milagros

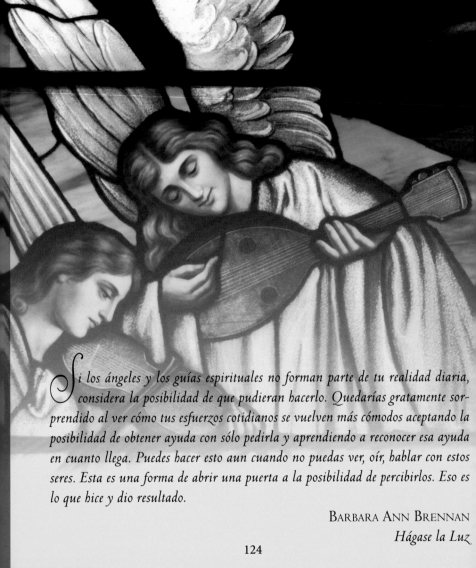

Si los ángeles y los guías espirituales no forman parte de tu realidad diaria, considera la posibilidad de que pudieran hacerlo. Quedarías gratamente sorprendido al ver cómo tus esfuerzos cotidianos se vuelven más cómodos aceptando la posibilidad de obtener ayuda con sólo pedirla y aprendiendo a reconocer esa ayuda en cuanto llega. Puedes hacer esto aun cuando no puedas ver, oír, hablar con estos seres. Esta es una forma de abrir una puerta a la posibilidad de percibirlos. Eso es lo que hice y dio resultado.

BARBARA ANN BRENNAN
Hágase la Luz